上京

海曲华风

渤海上京城文物精华

黑龙江省文物考古研究所

李陈奇　赵哲夫　著

文物出版社

图书在版编目（ＣＩＰ）数据

海曲华风：渤海上京城文物精华 ／ 李陈奇，赵哲夫
著. -- 北京：文物出版社，2010.12
ISBN 978-7-5010-3113-9

Ⅰ．①海… Ⅱ．①李… ②赵… Ⅲ．①渤海（古族名）
－文物－简介 Ⅳ．①K289②K874

中国版本图书馆CIP数据核字（2010）第238395号

渤 海 上 京 城 文 物 精 华

黑龙江省文物考古研究所
李陈奇　　赵哲夫 ·著

装帧设计　　顾咏梅
　　　　　　刘　远
责任印制　　梁秋卉
责任编辑　　李缙云

出版发行　　文物出版社
地　　址　　北京东直门内北小街2号楼
邮　　编　　100007
网　　址　　http://www.wenwu.com
　　　　　　E-mail:web@wenwu.com
制版印刷　　北京圣彩虹制版印刷技术有限公司
开　　本　　889毫米×1194毫米　1/16
印　　张　　20.5
版　　次　　2010年12月第1版
印　　次　　2010年12月第1次印刷
书　　号　　ISBN 978-7-5010-3113-9
定　　价　　600.00元

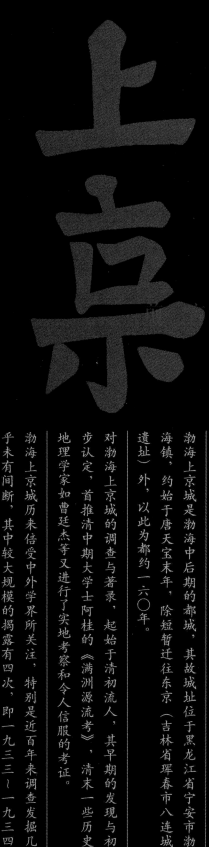

渤海上京城是渤海中后期的都城，其故城址位于黑龙江省宁安市渤海镇，约始于唐天宝末年，除短暂迁往东京（吉林省珲春市八连城遗址）外，以此为都约一六〇年。

对渤海上京城的调查与著录，起始于清初流人，其早期的发现与初步认定，首推清中期大学士阿桂的《满洲源流考》，清末一些历史地理学家如曹廷杰等又进行了实地考察和令人信服的考证。

渤海上京城历来倍受中外学界所关注，特别是近百年来调查发掘几乎未有间断，其中较大规模的揭露有四次，即一九三三～一九三四年日本东亚考古学会、一九六四年中国朝鲜联合考古队、一九八一～一九九一和一九九七～二〇〇七年黑龙江省文物考古研究所的考古发掘，基本代表了渤海考古的四个阶段。

本书著录范围为历年渤海上京城及周边征集、采集和发掘出土之文物精品，以后者为主，特别是以第四阶段发掘资料为核心。关于其发现史及分类、工艺、特点等研究，将另文专门探讨。

本书一方面可以弥补《渤海上京城》（文物出版社，二〇〇九年）图片之不足，为专业研究提供更全面而翔实的第一手考古资料；另外面对一般读者，可通过图片形式初步了解渤海历史，提高文化遗产保护意识。这是我们专业工作者的责任与义务，亦是考古学的目的之一。

汉唐文化的影响，体现在渤海社会的各个角落，这一特点早在当时已有关注。唐玄宗评价渤海第二代王大武艺「地虽海曲，常习华风」；唐穆宗认为渤海「与华夏同风者，尔辈是也」；第十一代王大彝震「远慕华风，聿修诚节」。这正是本书冠以『海曲华风』之由来。

目　录

渤海上京城彩色红外线航空照片
1993年

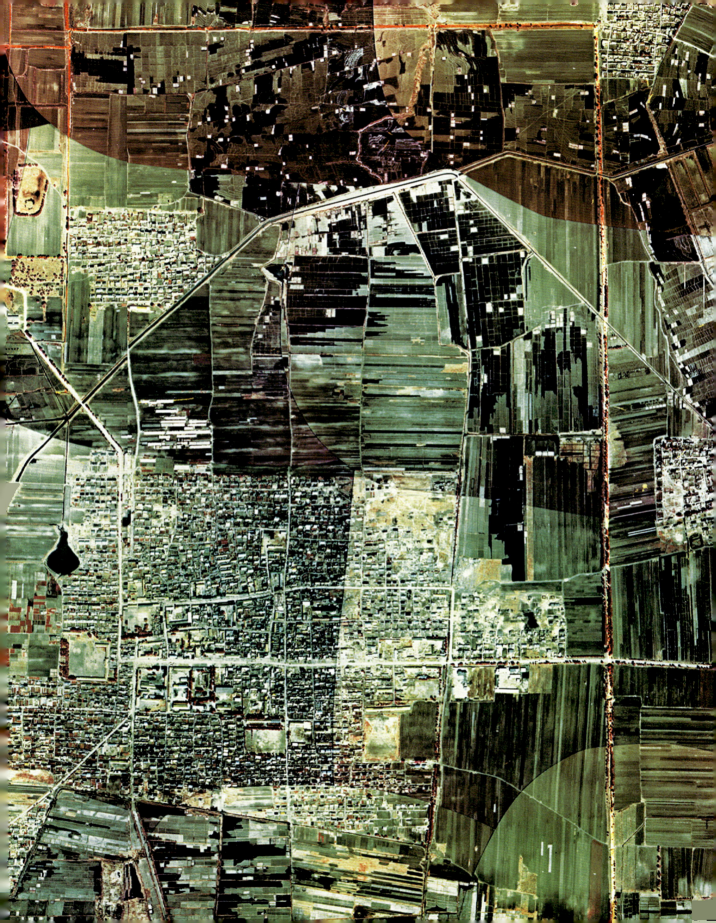

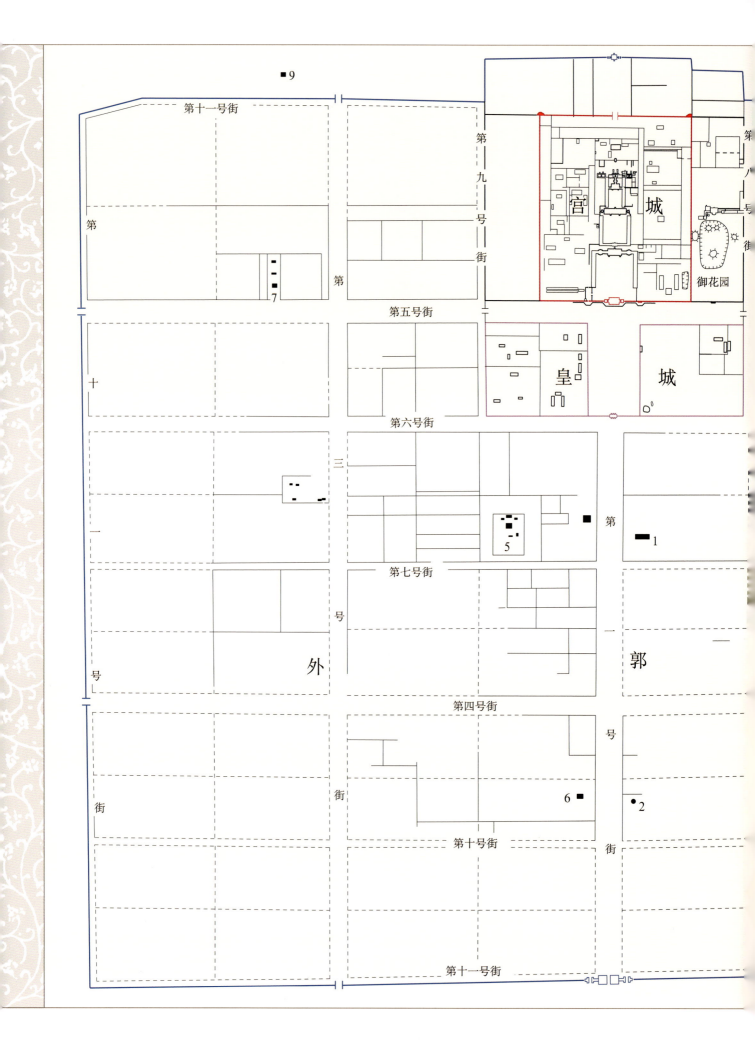

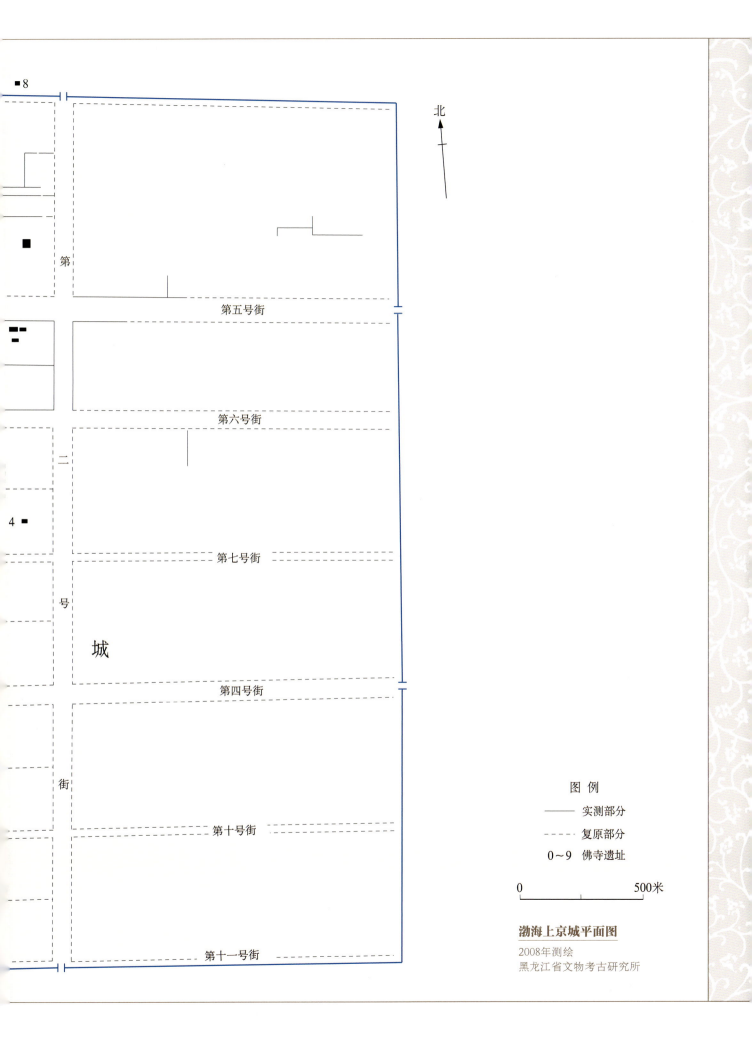

■8

北

第

二

4 ■

号

城

街

第五号街

第六号街

第七号街

第四号街

第十号街

第十一号街

图 例

—— 实测部分

- - - 复原部分

0～9 佛寺遗址

0 _____ 500米

渤海上京城平面图

2008年测绘
黑龙江省文物考古研究所

石建筑遗物

海曲华风　渤海上京城文物精华

兴隆寺石灯
2010年

兴隆寺石灯
1980年，保护工程后

兴隆寺石灯
1976年，保护工程

兴隆寺石灯

20世纪60年代

兴隆寺石灯

20世纪50年代

残，宝珠缺失

兴隆寺石灯

1933年，完整
东亚考古学会局部发掘基座
原载《东京城》

兴隆寺石灯

1924年以前，完整
原载《宁安县志》

殿陛角石螭首
长110厘米、高44.5厘米　宫城正门出土
黑龙江省渤海上京遗址博物馆藏

殿陛角石螭首

长110厘米、高41厘米　宫城正门出土
黑龙江省渤海上京遗址博物馆藏

石狮
高45厘米 三陵1号墓出土
黑龙江省渤海上京遗址博物馆藏

石盆

长130厘米　第3、4号宫殿建筑群基址出土
原地保护

石雕花阶沿

长57厘米　第3、4号宫殿建筑群基址出土

黑龙江省文物考古研究所藏

釉陶建筑遗物

三彩鸱尾

高91.5厘米 上京城城北佛寺出土
中国社会科学院考古研究所藏

三彩鸱尾

高87厘米 东半城1号佛寺出土
中国社会科学院考古研究所藏

三彩鸱尾底座

高64厘米 东半城1号佛寺出土
中国社会科学院考古研究所藏

三彩鸱吻残片

长26厘米 第3、4号宫殿建筑群基址出土
黑龙江省文物考古研究所藏

三彩鸱尾残片

长34厘米　第2号宫殿基址出土
黑龙江省文物考古研究所藏

三彩鸱尾装饰

直径10厘米　郭城正南门基址出土
直径7.2厘米　郭城正北门基址出土
长径9厘米　第2号宫殿基址出土
黑龙江省文物考古研究所藏

黄釉陶兽头

高43.4厘米　皇城南门基址出土
黑龙江省文物考古研究所藏

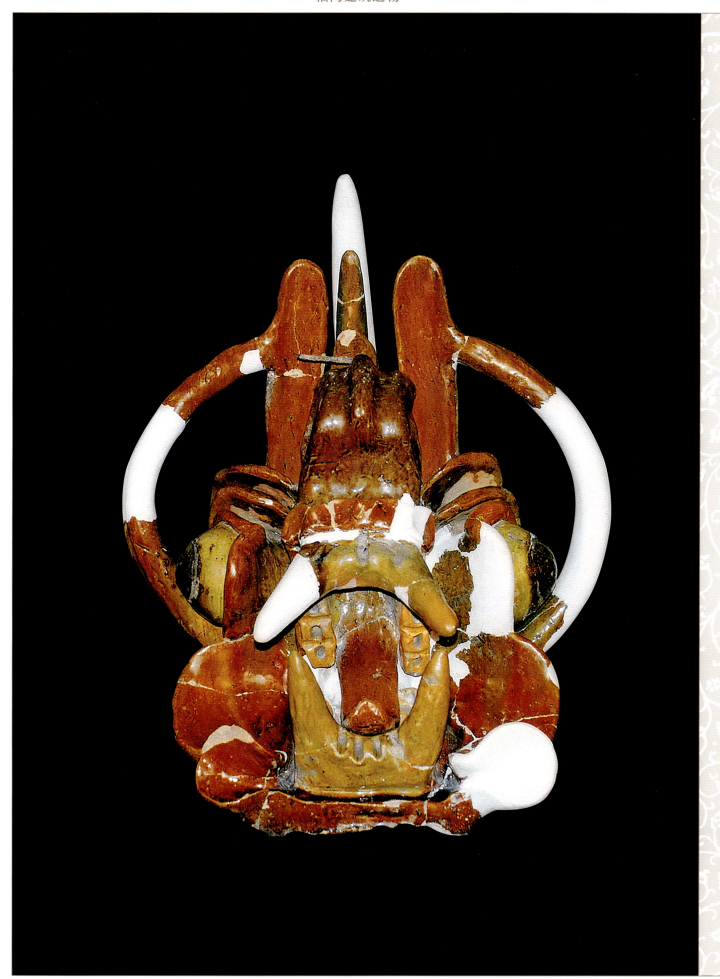

三彩陶兽头

高42厘米　第2号宫殿基址出土

黑龙江省文物考古研究所藏

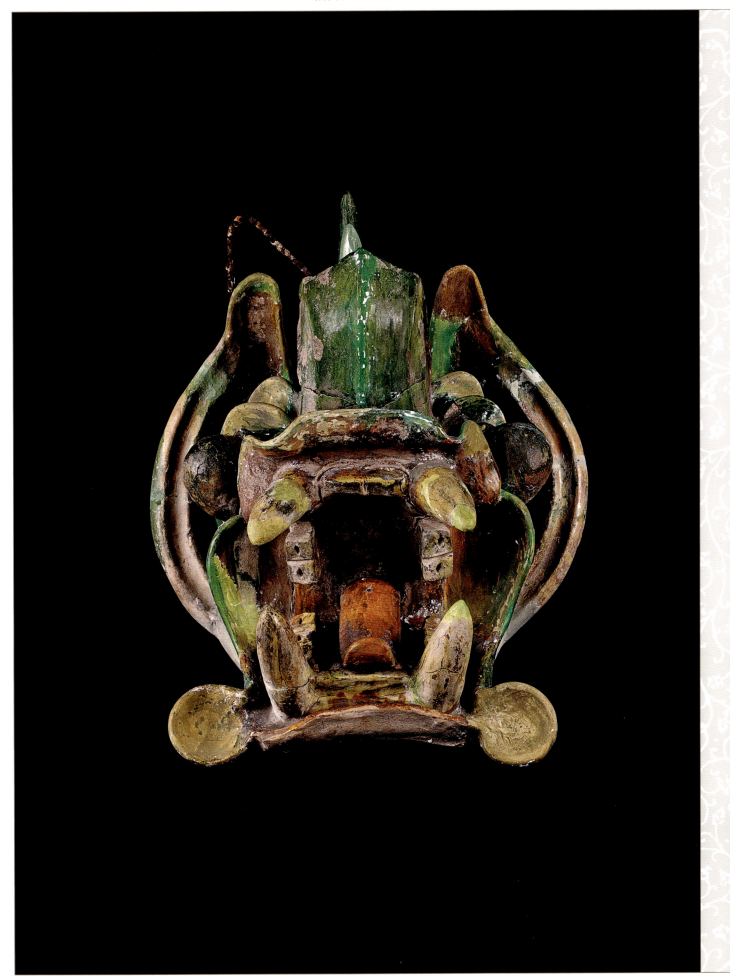

三彩陶兽头
高33.5厘米 第3、4号宫殿建筑群基址出土
黑龙江省文物考古研究所藏

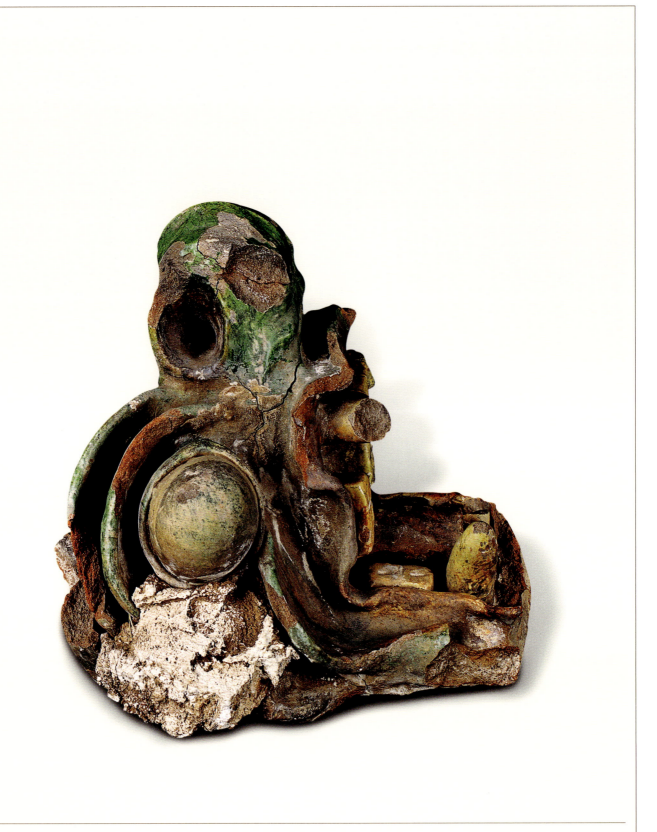

三彩陶兽头

高30厘米 第2号宫殿基址出土
黑龙江省文物考古研究所藏

釉陶建筑遗物

三彩陶兽头

高26厘米 第2号宫殿基址出土
黑龙江省文物考古研究所藏

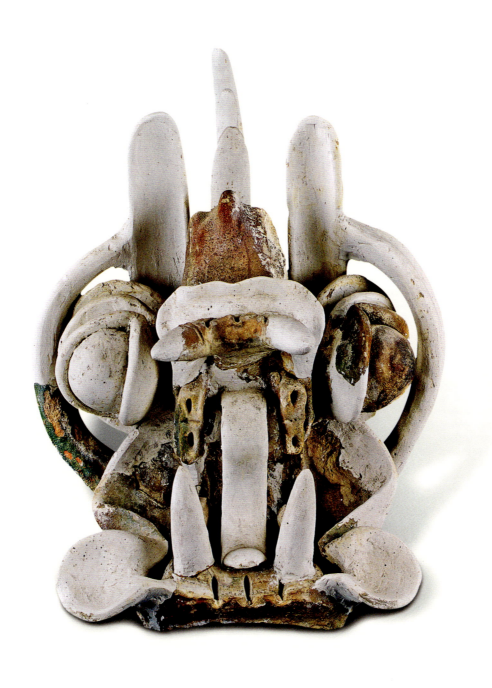

三彩陶兽头

高30厘米　第2号宫殿基址出土
黑龙江省文物考古研究所藏

三彩陶兽头

高68厘米　第2号宫殿基址出土

黑龙江省文物考古研究所藏

三彩陶兽头

高25厘米　第2号宫殿基址出土

黑龙江省文物考古研究所藏

三彩陶兽头

高33厘米　第2号宫殿基址出土
黑龙江省文物考古研究所藏

三彩陶兽头
高18.2厘米　第3、4号宫殿建筑群基址出土
黑龙江省文物考古研究所藏

三彩陶兽头

残高30厘米 第2号宫殿基址出土
黑龙江省文物考古研究所藏

釉陶建筑遗物

三彩陶兽头

残高6厘米 第2号宫殿基址出土
黑龙江省文物考古研究所藏

三彩陶兽头

残高17厘米 第2号宫殿基址出土
黑龙江省文物考古研究所藏

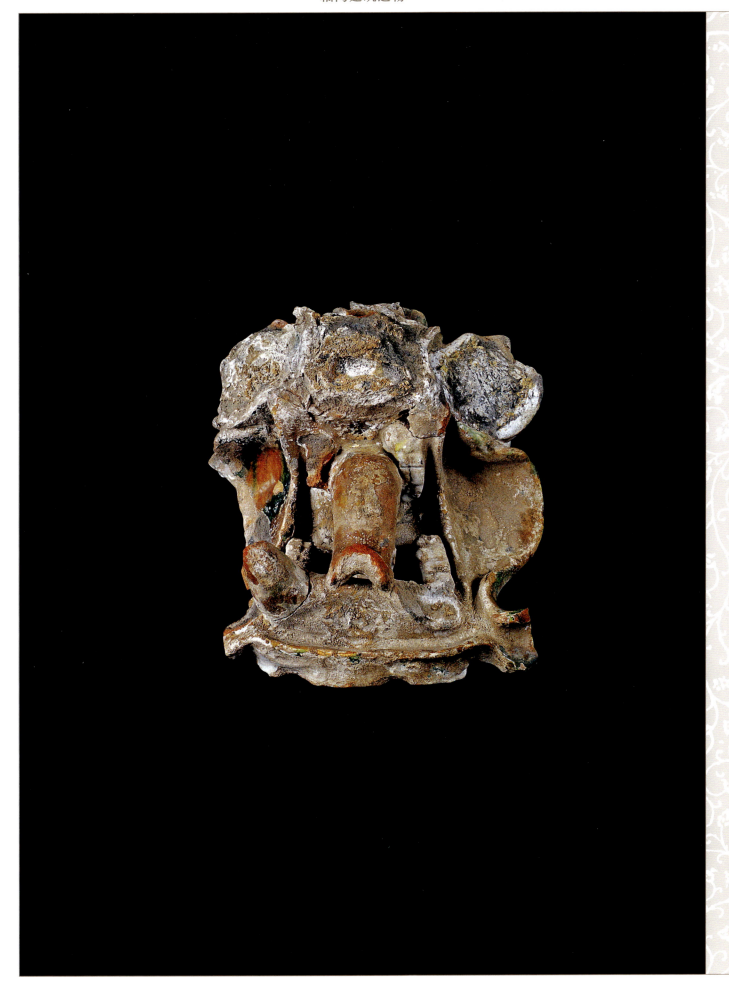

三彩陶套兽

长34厘米、宽46厘米　第2号宫殿基址出土
黑龙江省文物考古研究所藏

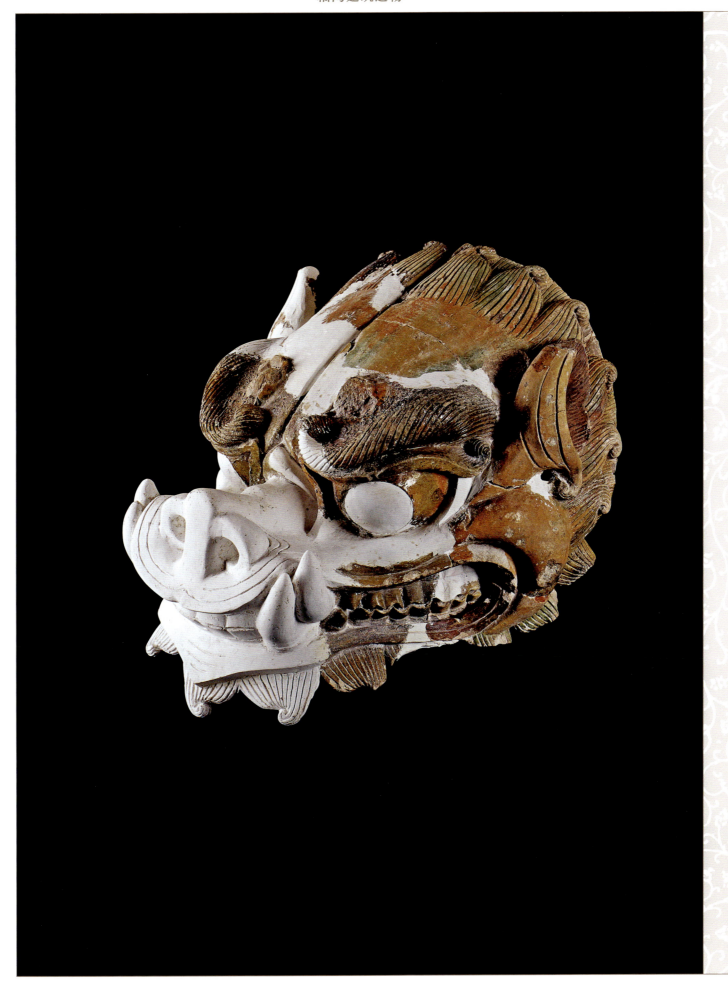

三彩陶套兽

长45厘米、宽40厘米 第2号宫殿基址出土
黑龙江省文物考古研究所藏

三彩陶套兽

残长39厘米、宽38厘米 第2号宫殿基址出土
黑龙江省文物考古研究所藏

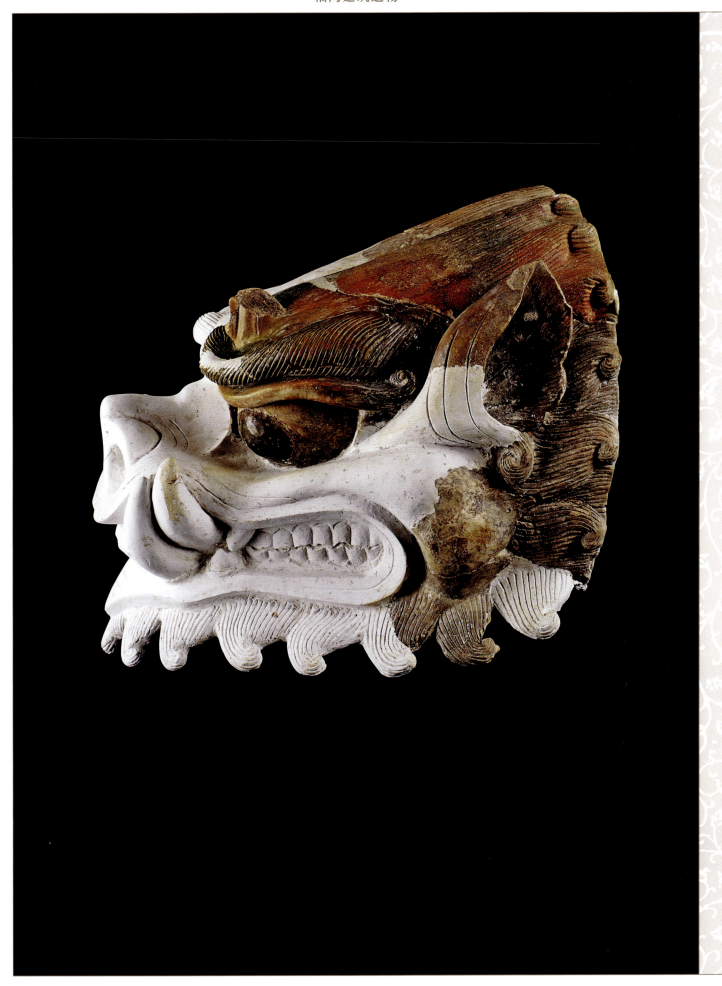

绿釉陶套兽

长33厘米、宽33.1厘米 第3、4号宫殿建筑群基址出土

黑龙江省文物考古研究所藏

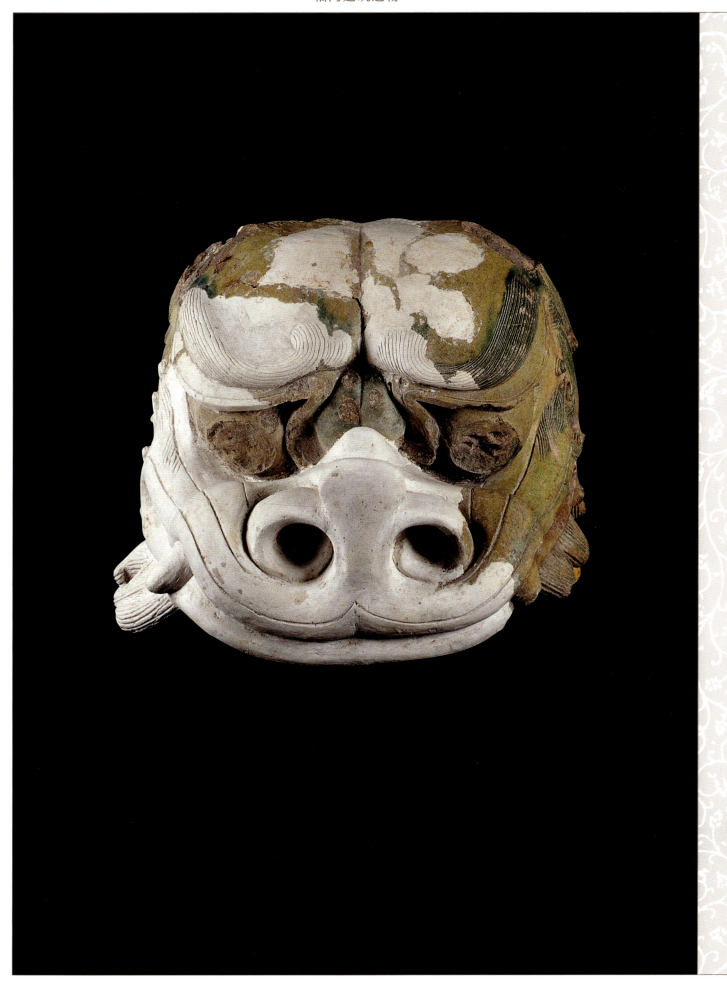

三彩陶套兽残块

第50号宫殿基址出土
黑龙江省文物考古研究所藏

三彩陶套兽残块

第50号宫殿基址出土
黑龙江省文物考古研究所藏

釉陶建筑遗物

三彩陶套兽残块

第50号宫殿基址出土
黑龙江省文物考古研究所藏

三彩陶套兽残块

第2号宫殿基址出土
黑龙江省文物考古研究所藏

三彩陶套兽残块

第2号宫殿基址出土
黑龙江省文物考古研究所藏

三彩陶套兽残块
第2号宫殿基址出土
黑龙江省文物考古研究所藏

釉陶建筑遗物

三彩陶套兽残块

第50号宫殿基址出土

黑龙江省文物考古研究所藏

三彩陶套兽残块

第50号宫殿基址出土
黑龙江省文物考古研究所藏

釉陶建筑遗物

三彩陶套兽残块

第50号宫殿基址出土
黑龙江省文物考古研究所藏

三彩陶套兽残块
第2号宫殿基址出土
黑龙江省文物考古研究所藏

三彩陶套兽残块

第2号宫殿基址出土
黑龙江省文物考古研究所藏

三彩陶套兽残块

第50号宫殿基址出土
黑龙江省文物考古研究所藏

三彩陶套兽残块

第50号宫殿基址出土
黑龙江省文物考古研究所藏

三彩陶套兽残块

第50号宫殿基址出土
黑龙江省文物考古研究所藏

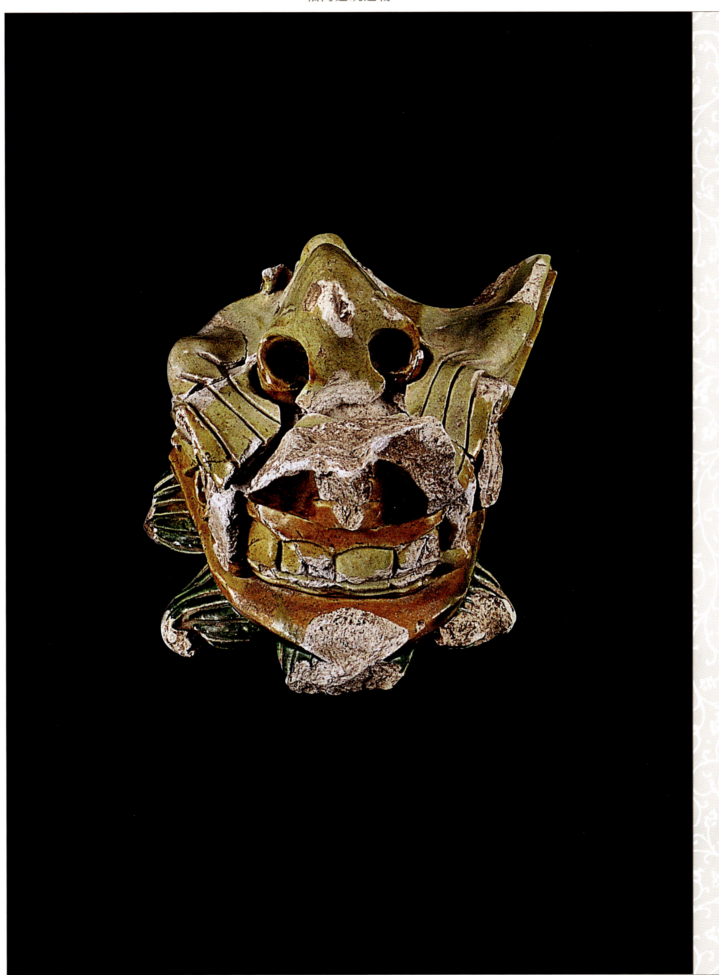

三彩陶套兽残块

第50号宫殿基址出土

黑龙江省文物考古研究所藏

三彩陶套兽残块

第50号宫殿基址出土
黑龙江省文物考古研究所藏

三彩陶套兽残块

第50号宫殿基址出土
黑龙江省文物考古研究所藏

三彩陶套兽残块

第50号宫殿基址出土
黑龙江省文物考古研究所藏

三彩陶套兽残块

第2号宫殿基址出土
黑龙江省文物考古研究所藏

三彩陶套兽残块

第50号宫殿基址出土
黑龙江省文物考古研究所藏

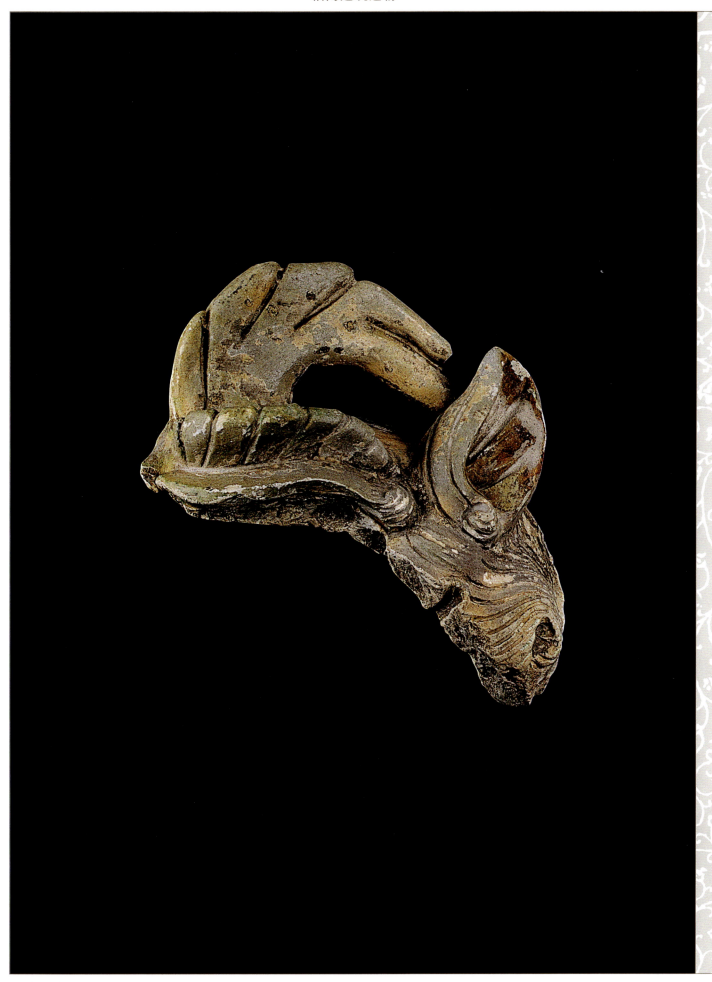

三彩陶套兽残块
第50号宫殿基址出土
黑龙江省文物考古研究所藏

三彩陶套兽残块
第2号宫殿基址出土
黑龙江省文物考古研究所藏

三彩陶套兽残块

第50号宫殿基址出土
黑龙江省文物考古研究所藏

三彩陶套兽残块

第50号宫殿基址出土
黑龙江省文物考古研究所藏

三彩陶套兽残块

第50号宫殿基址出土
黑龙江省文物考古研究所藏

绿釉陶瓦当
直径12厘米　第2号宫殿基址出土
黑龙江省文物考古研究所藏

绿釉陶瓦当

直径10.3厘米　第50号宫殿基址出土
黑龙江省文物考古研究所藏

绿釉陶瓦当
直径10.5厘米　第50号宫殿基址出土
黑龙江省文物考古研究所藏

绿釉陶瓦当

直径10.2厘米 第50号宫殿基址出土
黑龙江省文物考古研究所藏

绿釉陶瓦当

直径11.2厘米 第50号宫殿基址出土
黑龙江省文物考古研究所藏

绿釉陶瓦当

直径10.7厘米　第50号宫殿基址出土

黑龙江省文物考古研究所藏

绿釉陶当沟

宽17.5厘米　第2号宫殿基址出土

黑龙江省文物考古研究所藏

绿釉陶筒瓦

长33.5厘米 第2号宫殿基址出土
黑龙江省文物考古研究所藏

绿釉陶筒瓦
长35.2厘米　第3、4号宫殿建筑群基址出土
黑龙江省文物考古研究所藏

绿釉陶板瓦

长32厘米　第50号宫殿基址出土
黑龙江省文物考古研究所藏

绿釉陶檐头板瓦

长35厘米　第50号宫殿基址出土
黑龙江省文物考古研究所藏

绿釉陶斜角檐头板瓦

宽22厘米　第50号宫殿基址出土
黑龙江省文物考古研究所藏

绿釉陶覆盆

外径29厘米　第50号宫殿基址出土
黑龙江省文物考古研究所藏

绿釉陶覆盆

外径27厘米　第50号宫殿基址出土
黑龙江省文物考古研究所藏

陶建筑遗物

海兰东京城文物精华

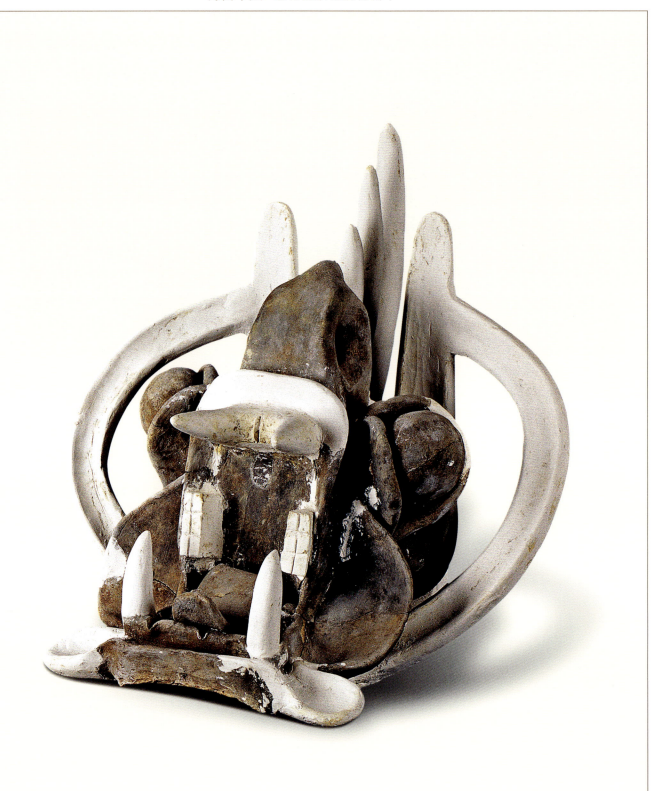

陶兽头

残高33厘米　第5号宫殿基址出土
黑龙江省文物考古研究所藏

陶兽头

残高33厘米　第5号宫殿基址出土
黑龙江省文物考古研究所藏

陶兽头

残高31.5厘米　第3、4号宫殿建筑群基址出土
黑龙江省文物考古研究所藏

陶瓦当

直径16.8厘米　第3、4号宫殿建筑群基址出土
黑龙江省文物考古研究所藏

陶瓦当

直径15厘米　第2号宫殿基址出土
黑龙江省文物考古研究所藏

陶瓦当

径11.4厘米　第50号宫殿基址出土
黑龙江省文物考古研究所藏

陶瓦当

直径11.4厘米　第50号宫殿基址出土
黑龙江省文物考古研究所藏

陶瓦当

直径13.5厘米　第2号宫殿基址出土
黑龙江省文物考古研究所藏

陶瓦当

直径11.4厘米　第50号宫殿基址出土
黑龙江省文物考古研究所藏

陶瓦当

直径15.2厘米　第3、4号宫殿建筑群基址出土
黑龙江省文物考古研究所藏

陶瓦当

直径14.4厘米 第3、4号宫殿建筑群基址出土
黑龙江省文物考古研究所藏

陶瓦当

直径16.4厘米　第3、4号宫殿建筑群基址出土
黑龙江省文物考古研究所藏

陶建筑遗物

陶瓦当

直径16厘米　第3、4号宫殿建筑群基址出土
黑龙江省文物考古研究所藏

陶瓦当

直径16.5厘米　第2号宫殿基址出土
黑龙江省文物考古研究所藏

陶瓦当

直径15.6厘米 第2号宫殿基址出土
黑龙江省文物考古研究所藏

陶瓦当

直径15.6厘米 第2号宫殿基址出土
黑龙江省文物考古研究所藏

陶瓦当

直径13.4厘米 第3、4号宫殿建筑群基址出土
黑龙江省文物考古研究所藏

陶瓦当

直径15厘米 第2号宫殿基址出土
黑龙江省文物考古研究所藏

陶瓦当

直径16.2厘米 第3、4号宫殿建筑群基址出土
黑龙江省文物考古研究所藏

陶瓦当

直径16厘米　第2号宫殿基址出土

黑龙江省文物考古研究所藏

陶瓦当

直径16.5厘米　第2号宫殿基址出土

黑龙江省文物考古研究所藏

陶瓦当

直径16厘米　第2号宫殿基址出土
黑龙江省文物考古研究所藏

陶建筑遗物

陶瓦当

直径15.9厘米　第3、4号宫殿建筑群基址出土

黑龙江省文物考古研究所藏

陶瓦当

直径16厘米　第2号宫殿基址出土
黑龙江省文物考古研究所藏

陶瓦当

直径16.8厘米　第2号宫殿基址出土

黑龙江省文物考古研究所藏

陶瓦当

直径17厘米　第2号宫殿基址出土

黑龙江省文物考古研究所藏

陶建筑遗物

陶瓦当

直径15厘米　第2号宫殿基址出土

黑龙江省文物考古研究所藏

陶瓦当

直径16.8厘米　第2号宫殿基址出土

黑龙江省文物考古研究所藏

陶瓦当

直径17厘米　第2号宫殿基址出土

黑龙江省文物考古研究所藏

陶瓦当

直径16.5厘米　第2号宫殿基址出土
黑龙江省文物考古研究所藏

陶瓦当

直径15.2厘米　第3、4号宫殿建筑群基址出土

黑龙江省文物考古研究所藏

陶瓦当

直径16.5厘米　第2号宫殿基址出土

黑龙江省文物考古研究所藏

陶檐头筒瓦

长38.5厘米 郭城正北门基址出土
黑龙江省文物考古研究所藏

陶曲身檐头筒瓦

长18.5厘米 第3、4号宫殿建筑群基址出土
黑龙江省文物考古研究所藏

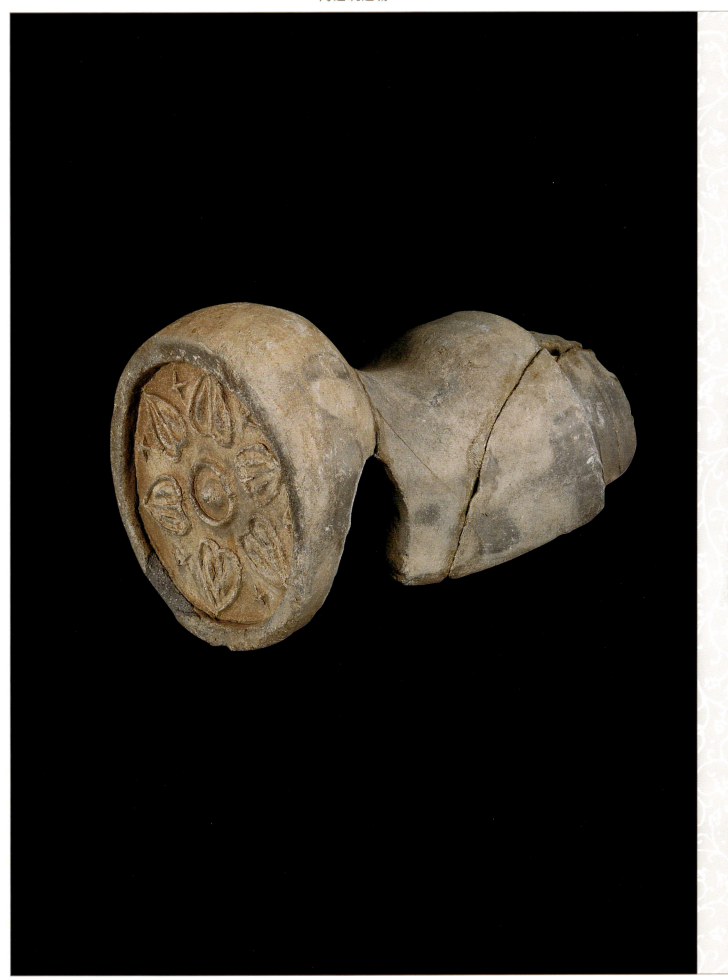

陶当沟

长29.7厘米　第3、4号宫殿建筑群基址出土
黑龙江省文物考古研究所藏

陶筒瓦

长38厘米　第5号宫殿基址出土

黑龙江省文物考古研究所藏

陶筒瓦

长29.5厘米　第3、4号宫殿建筑群基址出土
黑龙江省文物考古研究所藏

陶筒瓦

长26.5厘米　第3、4号宫殿建筑群基址出土
黑龙江省文物考古研究所藏

陶筒瓦

长30.2厘米　第3、4号宫殿建筑群基址出土
黑龙江省文物考古研究所藏

陶筒瓦

长36.4厘米　第2号宫殿基址出土
黑龙江省文物考古研究所藏

陶筒瓦

长27.7厘米 第2号宫殿基址出土

黑龙江省文物考古研究所藏

陶筒瓦

长32.6厘米　第2号宫殿基址出土
黑龙江省文物考古研究所藏

陶板瓦

长45厘米　第2号宫殿基址出土
黑龙江省文物考古研究所藏

陶板瓦

长41厘米　第2号宫殿基址出土
黑龙江省文物考古研究所藏

陶板瓦

长41厘米　第2号宫殿基址出土
黑龙江省文物考古研究所藏

陶檐头板瓦

长41厘米　第2号宫殿基址出土
黑龙江省文物考古研究所藏

陶文字瓦

第2号宫殿基址出土

黑龙江省文物考古研究所藏

陶文字瓦

第2号宫殿基址出土

黑龙江省文物考古研究所藏

陶文字瓦

第2号宫殿基址出土
黑龙江省文物考古研究所藏

陶文字瓦

第2号宫殿基址出土
黑龙江省文物考古研究所藏

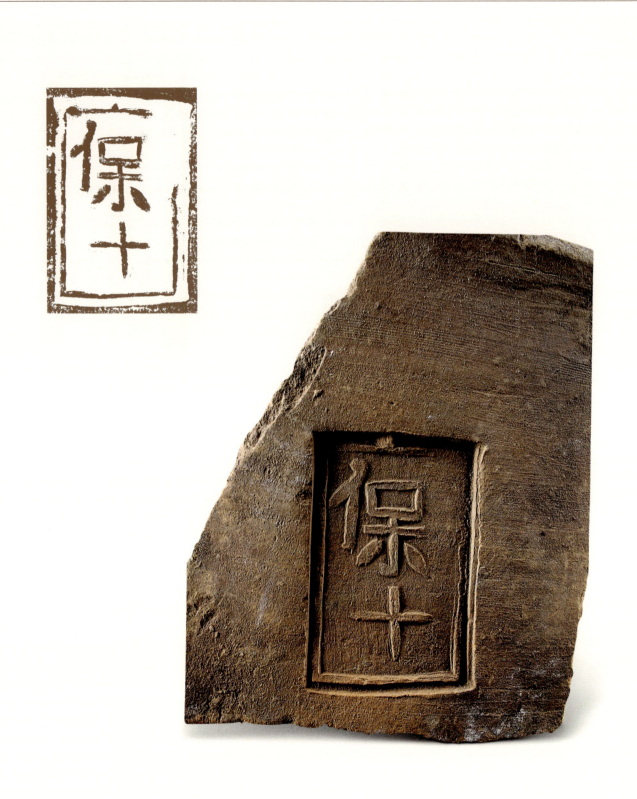

陶文字瓦

第2号宫殿基址出土
黑龙江省文物考古研究所藏

陶文字瓦

第2号宫殿基址出土

黑龙江省文物考古研究所藏

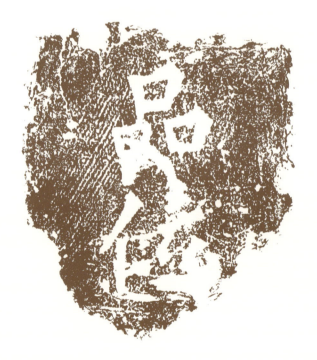

陶"品位"砖版位

残长18厘米　第2号宫殿基址出土
黑龙江省文物考古研究所藏

陶"上京"砖版位

上京城出土
中国国家博物馆藏

陶"立位"砖版位

残长18.1厘米 宫城北门基址出土
黑龙江省文物考古研究所藏

陶建筑遗物

陶"位"砖版位
残长13.3厘米　第1号宫殿基址出土
黑龙江省文物考古研究所藏

陶"客"砖版位

残长16.5厘米　第2号宫殿基址出土
黑龙江省文物考古研究所藏

陶"未"砖版位
残长9厘米　第2号宫殿基址出土
黑龙江省文物考古研究所藏

陶建筑遗物

陶宝相花纹方砖

边长37.5厘米　第2号宫殿基址出土

黑龙江省文物考古研究所藏

陶建筑遗物

陶宝相花纹方砖

边长37.5厘米　第2号宫殿基址出土
黑龙江省文物考古研究所藏

陶宝相花纹方砖

边长37厘米　上京城出土
黑龙江省渤海上京遗址博物馆藏

陶素面方砖
边长42厘米　第3、4号宫殿建筑群基址出土
黑龙江省文物考古研究所藏

陶素面方砖

边长37.5厘米 第2号宫殿基址出土
黑龙江省文物考古研究所藏

陶忍冬纹长砖

长36厘米　第2号宫殿基址出土
黑龙江省文物考古研究所藏

陶忍冬纹长砖

长36.5厘米 上京城出土
黑龙江省渤海上京遗址博物馆藏

陶素面长砖

长34.6厘米　第3、4号宫殿建筑群基址出土
黑龙江省文物考古研究所藏

陶素面长砖

长30厘米　第3、4号宫殿建筑群基址出土
黑龙江省文物考古研究所藏

陶花纹砖构件

残长24.6厘米　第3、4号宫殿建筑群基址出土
黑龙江省文物考古研究所藏

陶花纹砖构件

残长33.6厘米　第3、4号宫殿建筑群基址出土
黑龙江省文物考古研究所藏

金属建筑遗物

海曲华风

渤海上京城文物精华

鎏金铜窗角

长16.4厘米 第2号宫殿基址出土
黑龙江省文物考古研究所藏

鎏金铜窗角

长16.2厘米　第2号宫殿基址出土
黑龙江省文物考古研究所藏

鎏金铜花

直径15厘米　第3、4号宫殿建筑群基址出土
黑龙江省文物考古研究所藏

鎏金铜泡

直径6.8厘米　第2号宫殿基址出土
黑龙江省文物考古研究所藏

鎏金铜饰件

长6.45厘米　第3、4号宫殿建筑群基址出土

黑龙江省文物考古研究所藏

鎏金铜饰件
直径2.2厘米　第3、4号宫殿建筑群基址出土
黑龙江省文物考古研究所藏

鎏金铜饰件

直径3.1厘米 第3、4号宫殿建筑群基址出土
黑龙江省文物考古研究所藏

鎏金铜片
宽1.25厘米　第3、4号宫殿建筑群基址出土
黑龙江省文物考古研究所藏

金属建筑遗物

鎏金铜饰件

长10.2厘米　第3、4号宫殿建筑群基址出土
黑龙江省文物考古研究所藏

鎏金铜饰件

高2厘米　第3、4号宫殿建筑群基址出土
黑龙江省文物考古研究所藏

鎏金铜饰件

长3.6厘米　第2号宫殿基址出土
黑龙江省文物考古研究所藏

鎏金铜饰件

长2.1厘米　第3、4号宫殿建筑群基址出土
黑龙江省文物考古研究所藏

鎏金铜饰件

长4.8厘米　第2号宫殿基址出土
黑龙江省文物考古研究所藏

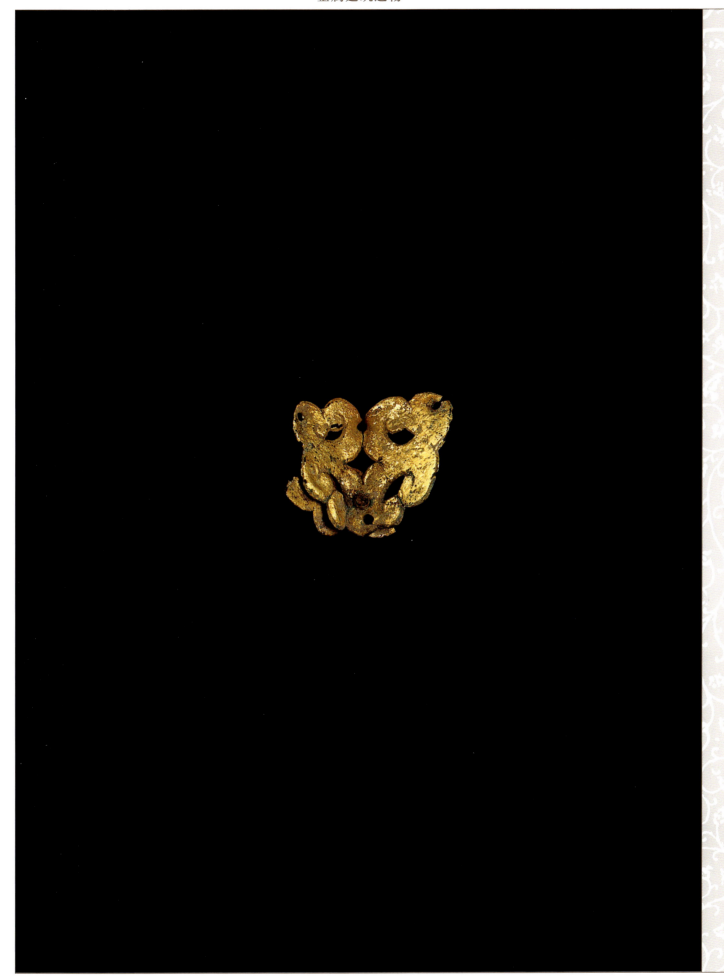

鎏金铜泡钉

帽径1.8厘米　第3、4号宫殿建筑群基址出土
黑龙江省文物考古研究所藏

鎏金铜泡钉

帽径1.9厘米　第3、4号宫殿建筑群基址出土
黑龙江省文物考古研究所藏

鎏金铜片

长11.2厘米　第3、4号宫殿建筑群基址出土
黑龙江省文物考古研究所藏

金属建筑遗物

鎏金铜片

长6.4厘米　第3、4号宫殿建筑群基址出土
黑龙江省文物考古研究所藏

铁构件

长10.5厘米　第3、4号宫殿建筑群基址出土
黑龙江省文物考古研究所藏

铁风铎

直径11厘米　上京城出土
日本东京大学藏

铁风铎

高8厘米　上京城出土
黑龙江省渤海上京遗址博物馆藏

铁门饰

宽103厘米　上京城出土

黑龙江省渤海上京遗址博物馆藏

铁合页

长10厘米　第2号宫殿基址出土
黑龙江省文物考古研究所藏

铁门转

直径11厘米　第3、4号宫殿建筑群基址出土
黑龙江省文物考古研究所藏

金属建筑遗物

铁门枢

高14.2厘米　第2号宫殿基址出土
黑龙江省文物考古研究所藏

铁门枢

高14.8厘米　第2号宫殿基址出土
黑龙江省文物考古研究所藏

社会生活遺物

天门军之印

边长5.3厘米 皇城出土

黑龙江省博物馆提供

开元通宝

直径2.4厘米　官衙出土
黑龙江省文物考古研究所藏

开元通宝

直径2.5厘米　第5号宫殿基址出土
黑龙江省文物考古研究所藏

海曲华风　渤海上京城文物精华

开元通宝

直径2.4厘米　第2号宫殿基址出土
黑龙江省文物考古研究所藏

铜伎艺黑人像
高8.4厘米　西地村出土
黑龙江省渤海上京遗址博物馆藏

铜伎艺黑人像

高8.2厘米　西地村出土

黑龙江省渤海上京遗址博物馆藏

铜骑马人像

上京城征集
日本东京大学藏

铜骑马人像

上京城征集
日本东京大学藏

铜镜

边长11厘米　虹鳟鱼场墓地出土
黑龙江省文物考古研究所藏

铜镜

边长15.3厘米　虹鳟鱼场墓地出土
黑龙江省文物考古研究所藏

铜镜

边长21.5厘米　上京城出土

黑龙江省渤海上京遗址博物馆藏

铜镜

直径10厘米　上京城出土

黑龙江省渤海上京遗址博物馆藏

鎏金铜鱼

长8.5厘米　官衙出土
黑龙江省文物考古研究所藏

鎏金铜鱼

长2.3厘米　第3、4号宫殿建筑群基址出土
黑龙江省文物考古研究所藏

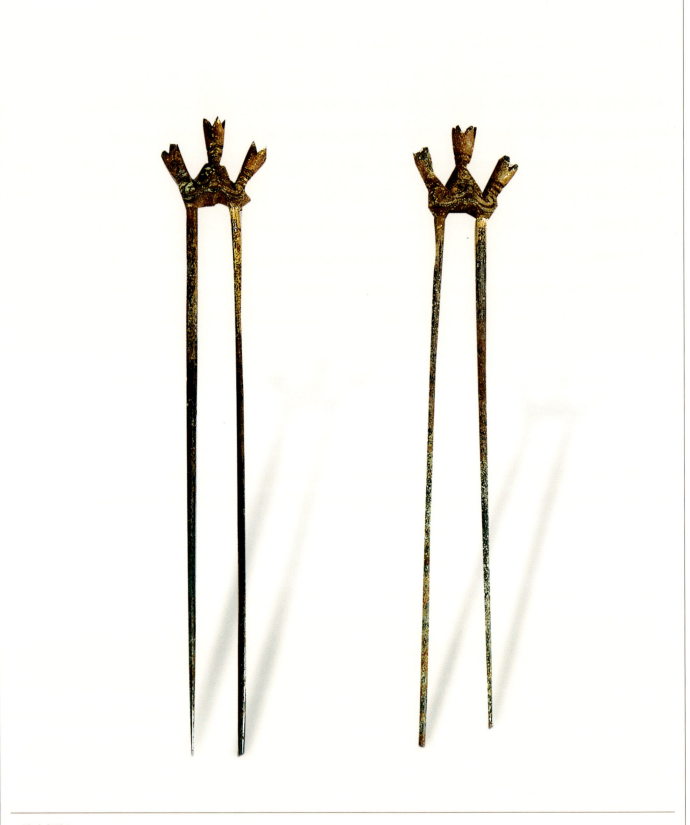

鎏金铜钗

长18.3厘米、18.2厘米　虹鳟鱼场墓地出土

黑龙江省文物考古研究所藏

鎏金铜钗

长13厘米　白庙子村出土
黑龙江省文物考古研究所藏

金、银耳环

外径均1.6厘米　虹鳟鱼场墓地出土
黑龙江省文物考古研究所藏

金镯

长径5.2厘米　土台子村出土，舍利函内
黑龙江省文物考古研究所藏

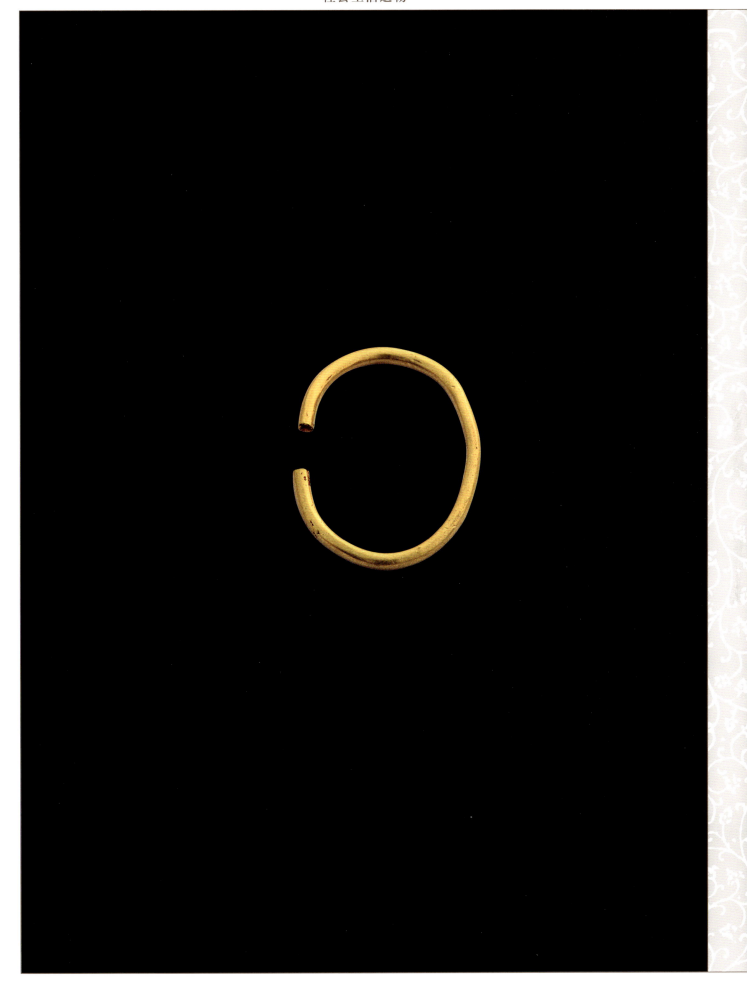

银镯

长径4.7厘米　虹鳟鱼场墓地出土
黑龙江省文物考古研究所藏

铜镯

长径均6厘米　土台子村出土，舍利函内
黑龙江省文物考古研究所藏

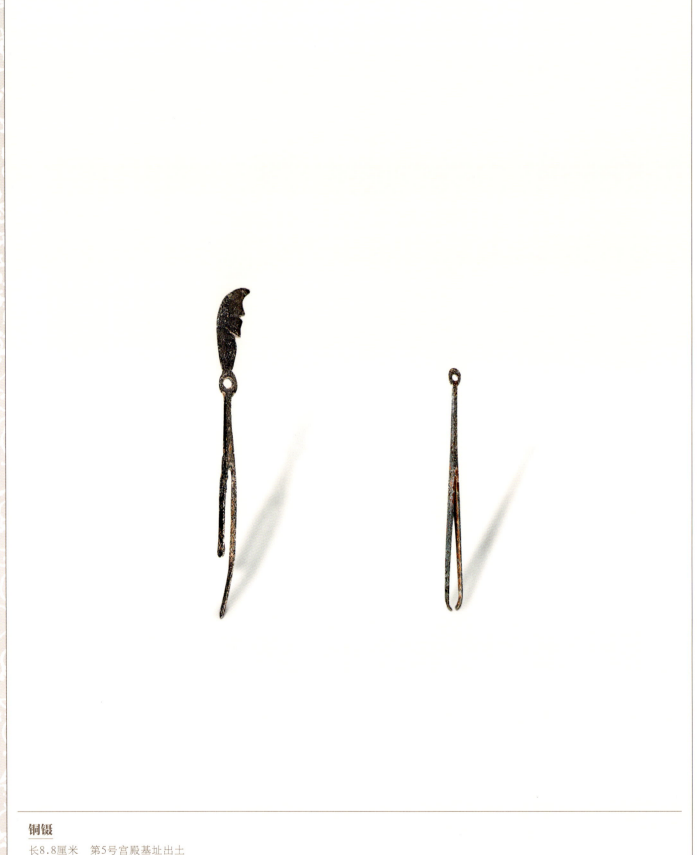

铜镊

长8.8厘米 第5号宫殿基址出土
黑龙江省文物考古研究所藏

银镊

长6.6厘米 第3、4号宫殿建筑群基址出土
黑龙江省文物考古研究所藏

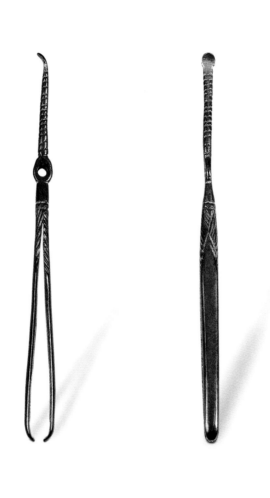

银镊

长10.4厘米　虹鳟鱼场墓地出土
黑龙江省文物考古研究所藏

银鸟头饰

宽均2.5厘米　虹鳟鱼场墓地出土
黑龙江省文物考古研究所藏

鎏金铜饰

长3.9厘米　虹鳟鱼场墓地出土
黑龙江省文物考古研究所藏

鎏金铜饰

高2.2厘米　虹鳟鱼场墓地出土

黑龙江省文物考古研究所藏

鎏金铜饰

长均3.8厘米　虹鳟鱼场墓地出土
黑龙江省文物考古研究所藏

银带头

长1.7厘米　虹鳟鱼场墓地出土
黑龙江省文物考古研究所藏

鎏金铜带扣

宽均2.3厘米　虹鳟鱼场墓地出土
黑龙江省文物考古研究所藏

铜带銙

长2.4厘米　第2号宫殿基址出土
黑龙江省文物考古研究所藏

铜带饰

长2.9厘米　第5号宫殿基址出土
黑龙江省文物考古研究所藏

社会生活遗物

铜带銙

长3厘米　第2号宫殿基址出土
黑龙江省文物考古研究所藏

铜带饰

宽均1.6厘米　第2号宫殿基址出土
黑龙江省文物考古研究所藏

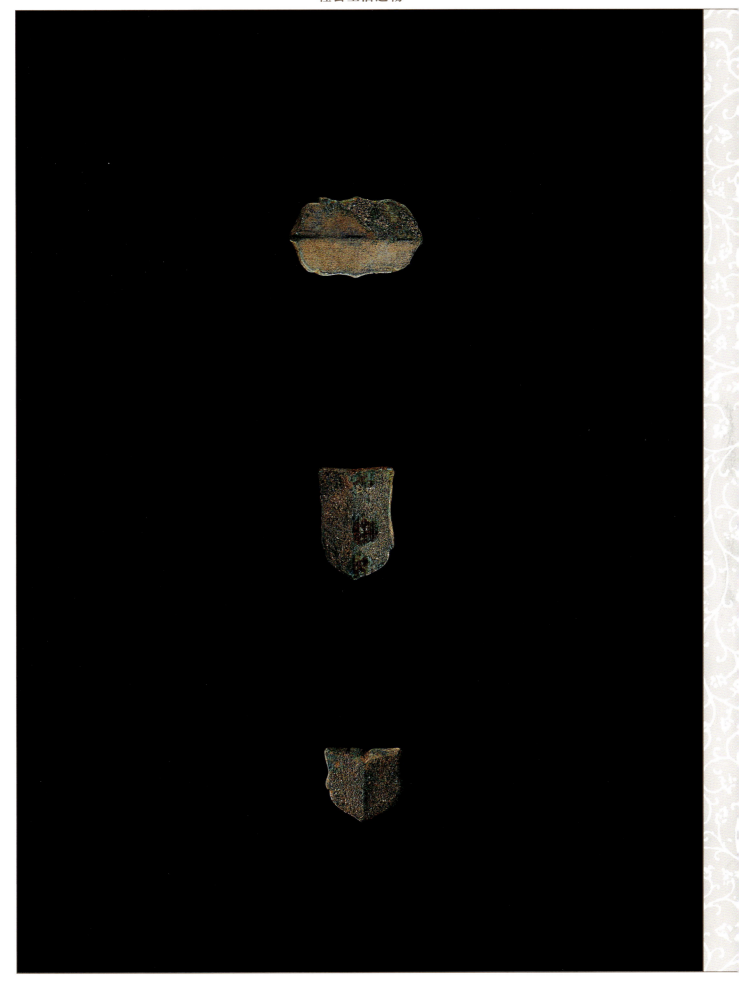

铜带銙

长均2.9厘米　虹鳟鱼场墓地出土
黑龙江省文物考古研究所藏

铜带銙

长2.4厘米、2.5厘米、2.8厘米、3.2厘米
虹鳟鱼场墓地出土
黑龙江省文物考古研究所藏

铜牌饰

长6.5厘米 虹鳟鱼场墓地出土
黑龙江省渤海上京遗址博物馆藏

铜牌饰

长6.6厘米　虹鳟鱼场墓地出土
黑龙江省文物考古研究所藏

铜牌饰

长6.5厘米　虹鳟鱼场墓地出土
黑龙江省文物考古研究所藏

铜牌饰

长7.2厘米　虹鳟鱼场墓地出土
黑龙江省文物考古研究所藏

铜搭扣

长3.3厘米　第5号宫殿基址出土
黑龙江省文物考古研究所藏

鎏金铜帐钩

长24.1厘米　第3、4号宫殿建筑群基址出土
黑龙江省文物考古研究所藏

玉狮

长6厘米
黑龙江省渤海上京遗址博物馆藏

玉狮

长7厘米
黑龙江省渤海上京遗址博物馆藏

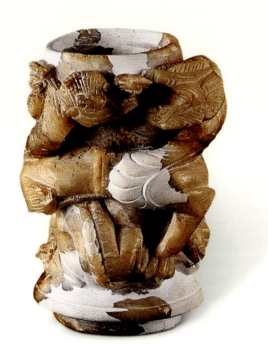

玉杖首

高8厘米　第2号宫殿基址出土
黑龙江省文物考古研究所藏

玉耳珰

外径2.7厘米　虹鳟鱼场墓地出土
黑龙江省文物考古研究所藏

玉环

肉宽3.3厘米　虹鳟鱼场墓地出土
黑龙江省文物考古研究所藏

玉璧

肉宽3.5厘米　虹鳟鱼场墓地出土
黑龙江省文物考古研究所藏

玉璧

外径10.2厘米　虹鳟鱼场墓地出土
黑龙江省渤海上京遗址博物馆藏

黄琉璃珠串

珠径0.5厘米　虹鳟鱼场墓地出土
黑龙江省文物考古研究所藏

蓝琉璃珠串

珠径0.6~0.9厘米　虹鳟鱼场墓地出土
黑龙江省文物考古研究所藏

玛瑙珠串

珠径0.6~1.2厘米 虹鳟鱼场墓地出土
黑龙江省文物考古研究所藏

水晶珠

直径1.3厘米　郭城正南门基址出土
黑龙江省文物考古研究所藏

社会生活遗物

石英珠

长径0.9厘米　第3、4号宫殿建筑群基址出土
黑龙江省文物考古研究所藏

象牙马球

直径6厘米　上京城出土
黑龙江省渤海上京遗址博物馆藏

骨饰

长1.5厘米　第3、4号宫殿建筑群基址出土
黑龙江省文物考古研究所藏

砺石

长13.3厘米　第3号宫殿基址出土
黑龙江省文物考古研究所藏

铁香炉

高9.5厘米　上京城出土
黑龙江省渤海上京遗址博物馆藏

铁熨斗

直径19.3厘米　郭城正南门基址出土
黑龙江省文物考古研究所藏

铁铲

长10.8厘米　第5号宫殿基址出土
黑龙江省文物考古研究所藏

铁锛

长9厘米　第3、4号宫殿建筑群基址出土
黑龙江省文物考古研究所藏

铁盔

高26.6厘米
原载《宁安县志》

铁盔

高22厘米
黑龙江省博物馆藏

铁甲片

长8.8厘米、6.1厘米、6.3厘米 郭城正北门基址出土
黑龙江省文物考古研究所藏

铁矛

长29.8厘米　虹鳟鱼场墓地出土
黑龙江省文物考古研究所藏

社会生活遗物

铁刀

长62.8厘米　虹鳟鱼场墓地出土
黑龙江省文物考古研究所藏

铁刀

长10.5厘米　第5号宫殿基址出土

黑龙江省文物考古研究所藏

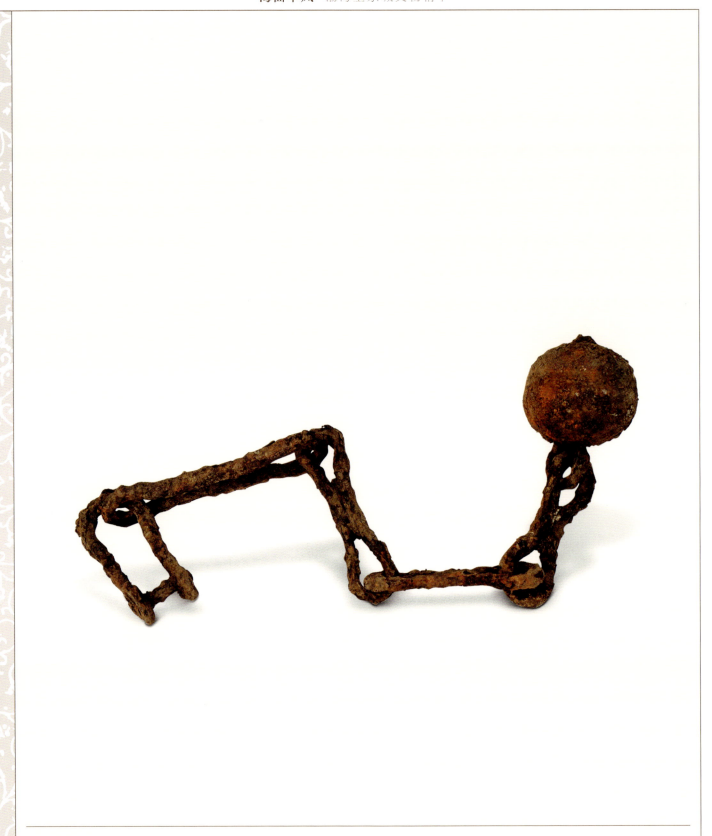

铁链球

球长径5.6厘米、链长44.4厘米　宫城北门基址出土
黑龙江省文物考古研究所藏

铁镞

长12.6厘米　第2号宫殿基址出土
黑龙江省文物考古研究所藏

铁镞

长10.1厘米　第5号宫殿基址出土
黑龙江省文物考古研究所藏

瓷碗

口径13.8厘米 第一号街出土

黑龙江省文物考古研究所藏

瓷碗底

足径6厘米　第2号宫殿基址出土
黑龙江省文物考古研究所藏

黄釉陶盏

口径8.6厘米　第2号宫殿基址出土
黑龙江省文物考古研究所藏

三彩陶缸

口径138.5厘米　第2号宫殿基址出土
黑龙江省文物考古研究所藏

三彩陶熏

三陵4号墓出土

三彩陶狮

高13厘米　上京城出土
黑龙江省渤海上京遗址博物馆藏

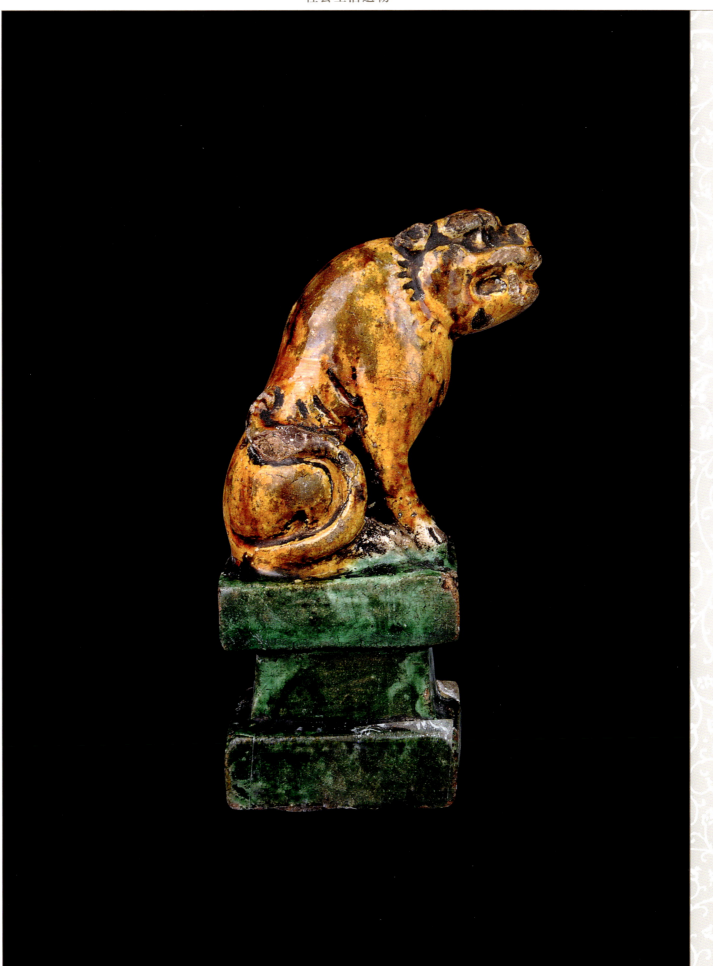

陶云形盘

长86厘米　宫城出土
中国社会科学院考古研究所藏

陶砚

直径21.2厘米　宫城出土
中国社会科学院考古研究所藏

陶器盖

直径10厘米　第3、4号宫殿建筑群基址出土
黑龙江省文物考古研究所藏

陶牌饰

长8厘米　第3、4号宫殿建筑群基址出土
黑龙江省文物考古研究所藏

陶囷

高157.6厘米 第50号宫殿基址出土
黑龙江省文物考古研究所藏

陶长颈壶

高25.8厘米 虹鳟鱼场墓地出土
黑龙江省文物考古研究所藏

陶鸡腿瓶
高25.3厘米 虹鳟鱼场墓地出土
黑龙江省文物考古研究所藏

陶鼓腹罐

高17.6厘米　虹鳟鱼场墓地出土
黑龙江省文物考古研究所藏

陶敛口罐

高12.2厘米 虹鳟鱼场墓地出土
黑龙江省文物考古研究所藏

陶长腹罐

高17.4厘米　虹鳟鱼场墓地出土
黑龙江省文物考古研究所藏

陶碗

口径10.2厘米　虹鳟鱼场墓地出土
黑龙江省文物考古研究所藏

陶器盖

直径10.5厘米　虹鳟鱼场墓地出土
黑龙江省文物考古研究所藏

佛教遺物

舍利子　琉璃瓶

瓶高5厘米　土台子村出土
黑龙江省博物馆藏

银瓶　银函

高6厘米、8.5厘米　土台子村出土
黑龙江省博物馆藏

铜函

高23厘米　土台子村出土
黑龙江省博物馆藏

铁函

高37厘米　土台子村出土
黑龙江省博物馆藏

石函　丝织品

外函高98厘米、内函高60厘米　土台子村出土
黑龙江省博物馆藏

舍利函石室

长边40厘米　白庙子村出土
黑龙江省渤海上京遗址博物馆藏

金舍利函

长8.68厘米　白庙子村出土
黑龙江省渤海上京遗址博物馆藏

舍利函（铜函、鎏金铜函、银函、金函 ）
白庙子村出土
黑龙江省渤海上京遗址博物馆藏

舍利函（金函、银函、鎏金铜函、铜函 ）
白庙子村出土
黑龙江省渤海上京遗址博物馆藏

舍利子
白庙子村出土
黑龙江省渤海上京遗址博物馆藏

鎏金铜佛像

高10.2厘米　白庙子村出土
黑龙江省渤海上京遗址博物馆藏

金佛像

高5厘米　西地村出土
黑龙江省渤海上京遗址博物馆藏

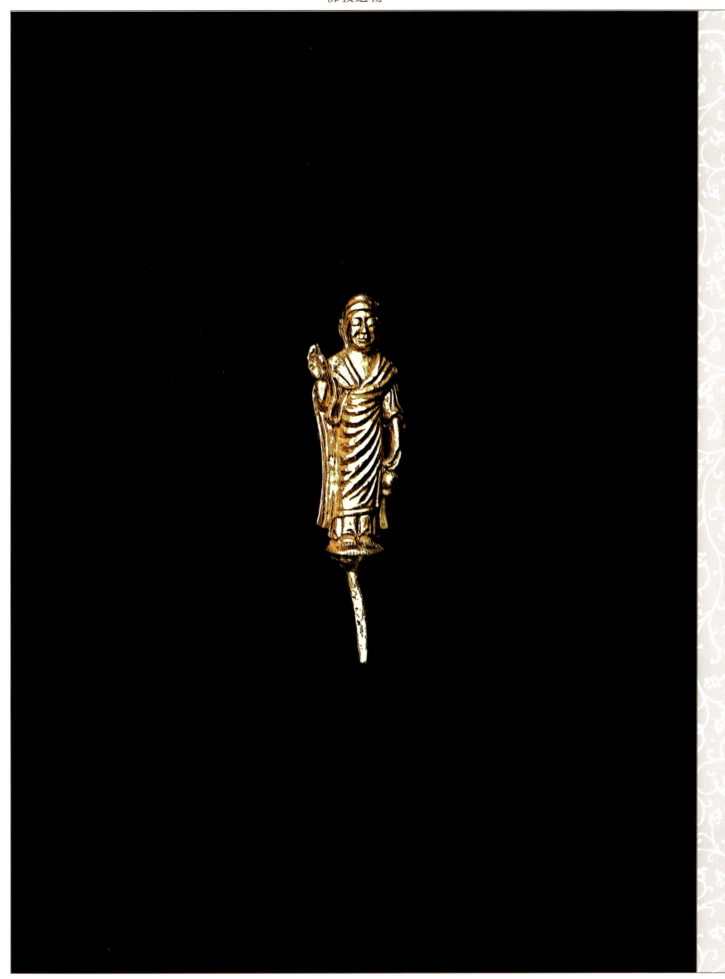

鎏金铜佛像

通高7.8厘米　第2号宫殿基址出土
黑龙江省文物考古研究所藏

鎏金铜佛像

高6厘米　渤海镇出土
黑龙江省渤海上京遗址博物馆藏

鎏金铜佛像

通高6.6厘米　第2号宫殿基址出土
黑龙江省文物考古研究所藏

鎏金铜佛像

高6厘米　渤海镇出土
黑龙江省渤海上京遗址博物馆藏

鎏金铜佛像

高9.1厘米 土台子村出土

黑龙江省渤海上京遗址博物馆藏

鎏金铜佛像

高9.6厘米　渤海镇出土
黑龙江省渤海上京遗址博物馆藏

鎏金铜佛像

高13.5厘米　上京城出土
日本东京大学藏

鎏金铜菩萨像

高14.4厘米　渤海镇出土
黑龙江省渤海上京遗址博物馆藏

鎏金铜菩萨像

高19.7厘米　渤海镇出土
黑龙江省渤海上京遗址博物馆藏

铜菩萨像

高9.5厘米 渤海镇出土
黑龙江省渤海上京遗址博物馆藏

鎏金铜菩萨像

高14厘米 渤海镇出土
黑龙江省渤海上京遗址博物馆藏

佛教遺物

鎏金铜罗汉像

高10.5厘米　渤海镇出土
黑龙江省渤海上京遗址博物馆藏

鎏金铜罗汉像

高12厘米　渤海镇出土
黑龙江省渤海上京遗址博物馆藏

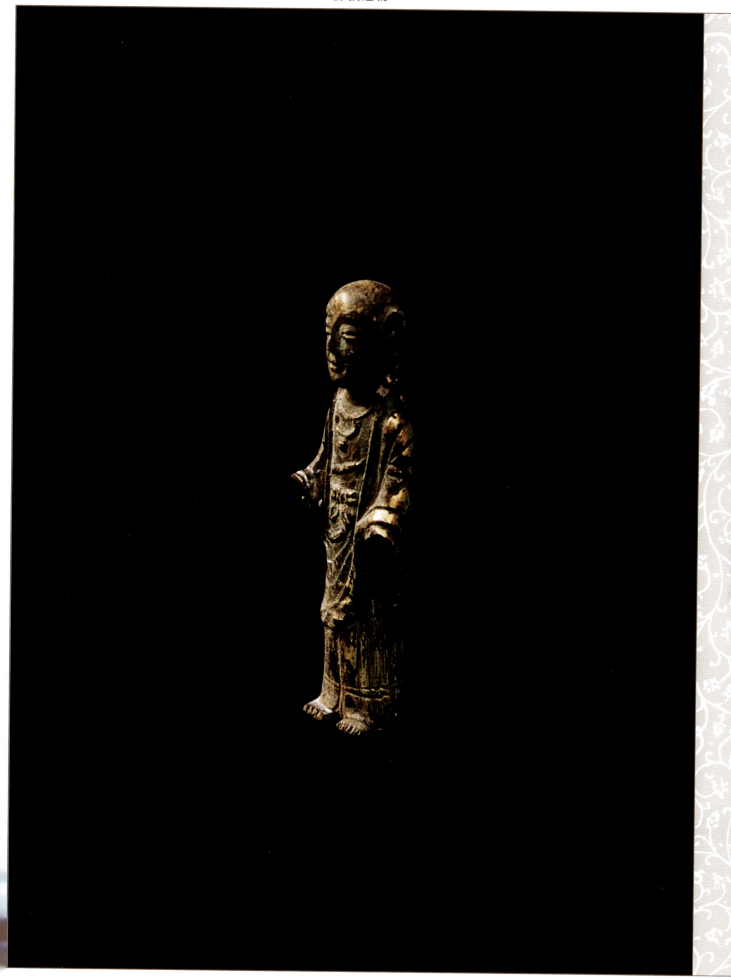

鎏金铜佛像头

高5.5厘米 渤海镇出土
黑龙江省渤海上京遗址博物馆藏

鎏金铜佛像头

高5厘米 渤海镇出土
黑龙江省文物考古研究所藏

鎏金铜佛像手

长2.2厘米　郭城正南门基址出土
黑龙江省文物考古研究所藏

鎏金铜佛像背光

宽9厘米　第5号宫殿南门基址出土
黑龙江省文物考古研究所藏

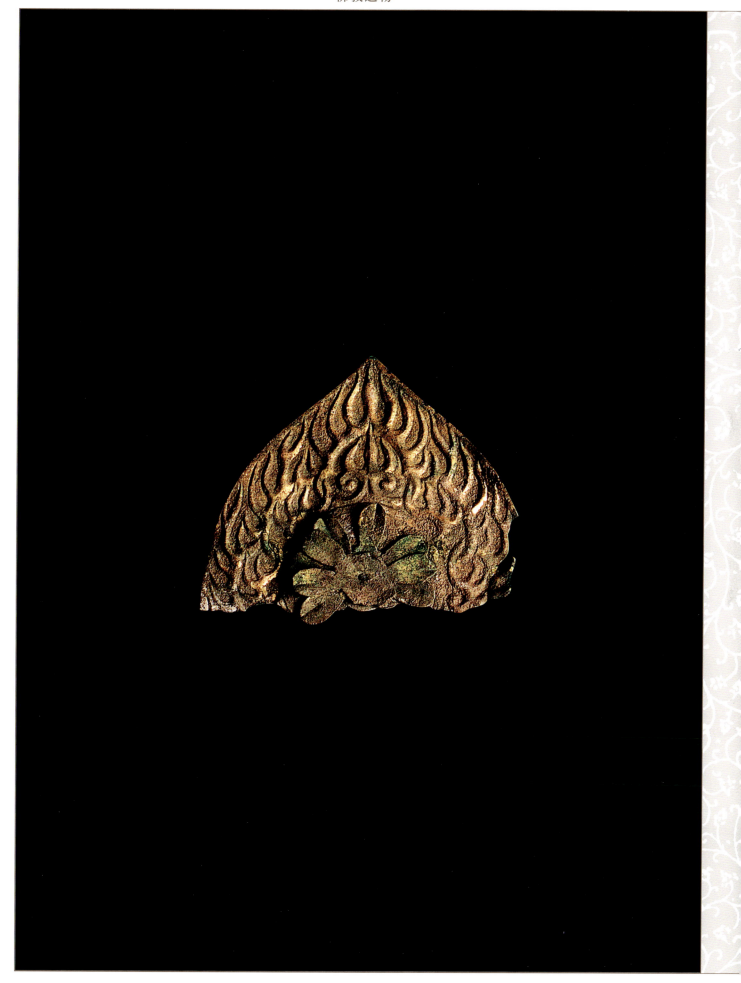

鎏金铜菩萨像

高6.6厘米　白庙子村出土

黑龙江省渤海上京遗址博物馆藏

铜天王像

高5.4厘米　渤海镇出土
黑龙江省渤海上京遗址博物馆藏

兴隆寺石佛

20世纪70年代

兴隆寺石佛
20世纪60年代

兴隆寺石佛
20世纪30年代，彩绘

海曲华风
渤海上京城文物精华
索引

上京

渤海上京城公元九二六年改称『天福城』，成为东丹国的首都，公元九二八年，东丹国南迁，城被废毁，城址所在地区在近千年的岁月中荆榛遍地，渺无人烟，至清康熙年间始有流人考察著录，文物开始零散面世，但多流落于个人之手。一九三一年东省特别区科学考察队发掘和征购的文物，现藏黑龙江省博物馆；一九三三～一九三四年日本东亚考古学会所得文物，少量留存于伪满洲国国立博物馆奉天分馆（今辽宁省博物馆），绝大部分被掠往日本，现藏日本东京大学；一九六四年中国朝鲜联合考古队所发掘文物，现藏中国社会科学院考古研究所。此后的出土文物，收藏于黑龙江省文物考古研究所。新中国成立以来的零散出土文物，由黑龙江省渤海上京遗址博物馆和宁安市文物管理所收藏。

本书所收录的文物，除注明收藏单位者外，其余未加说明者，均已流失散佚，仅存照片。

本书图片，由于早年文物多已流散佚失，或收藏于国内外其他机构，故少量甄选于传世照片和早年的考古报告，恕不一一注明。其余文物照片由谷德平、刘伟等拍摄。在本书的编撰过程中，黑龙江省文化厅、黑龙江省渤海上京遗址博物馆、宁安市文物管理所和黑龙江省博物馆给予了支持，在此一并表示谢意。

本书在撰写编排上力图科学、准确，在版式设计上力求新颖、美观，旨在通过此书把近百年来渤海文物的发现历程较为系统地展示给广大读者。本书作者均为长年从事渤海考古和文物研究工作的文物考古专业人员，但因水平所限，疏漏之处在所难免，敬请读者多提宝贵意见。

作　者